ÉDITIONS DE LA « GRANDE REVUE »

L'INSTRUCTION

ET

L'ÉDUCATION INTERNATIONALE

PAR

Ferdinand BUISSON

Député de la Seine.

PARIS

AUX BUREAUX
DE LA GRANDE REVUE
9, rue Bleue, 9
—
1905

BERNE

LIGUE INTERNATIONALE DE LA PAIX
ET DE LA LIBERTÉ
2, place du Théâtre, 2
—
1905

L'INSTRUCTION ET L'ÉDUCATION INTERNATIONALE

L'INSTRUCTION

ET

L'ÉDUCATION INTERNATIONALE

PAR

Ferdinand BUISSON

Député de la Seine.

Ferdinand BUISSON
Député de la Seine.

PARIS
AUX BUREAUX
DE LA GRANDE REVUE
9, rue Bleue, 9
1905

BERNE
LIGUE INTERNATIONALE DE LA PAIX
ET DE LA LIBERTÉ
2, place du Théâtre, 2
1905

L'INSTRUCTION

ET

L'ÉDUCATION INTERNATIONALE [1]

1. — A un grand fait mis en lumière par le XIXᵉ siècle s'ajoute et s'oppose aujourd'hui de plus en plus un autre grand fait. Au principe des *nationalités* vient faire contrepoids le principe plus nouveau de l'*internationalité*.

J'écarte à dessein *internationalisme* aussi bien que *nationalisme*. Cette terminaison dogmatique aurait le défaut de transformer en une sorte de parti pris politico-métaphysique ce que nous devons simplement constater comme un *fait*, comme un moment de l'histoire des sociétés humaines sur la terre.

Si ce double fait existe, si cette concurrence de l'élément national et de l'élément international est un des traits caractéristiques de la civilisation à l'heure où nous sommes, il faut que nos enfants le sachent.

Nous ne pouvons en faire abstraction ni dans l'enseignement ni dans l'éducation.

Dans l'enseignement : car un homme destiné à vivre dans une société déterminée ne peut impunément ignorer les grands courants qui l'entraînent, les forces directrices qui la mènent ou qui se la disputent.

Dans l'éducation : car cet homme, en démocratie du moins, a sa part d'initiative et de responsabilité ; et la connaissance qu'il aura du monde contemporain ne laissera pas

1. Rapport lu au Congrès de la Paix de Lille, par M. Emile Arnaud, le 28 avril 1905.

d'avoir son contrecoup sur ses pensées, ses sentiments et de ses actes.

Le problème que nous envisageons est donc celui-ci : *Quelle part doit-on faire, soit dans l'instruction, soit dans l'éducation, aux progrès de l'idée internationale ?*

I. — L'Instruction internationale.

2. — En principe, faut-il informer les enfants, dès l'école, de l'existence des relations internationales et de leur capitale importance ?

Tout le monde répondra que c'est ce qui se fait depuis qu'il y a une civilisation quelconque, et qu'il n'en saurait être autrement.

Mais précisons.

Pendant de longs siècles, il n'y eut que deux sortes de relations internationales: par la guerre et par le commerce. Les nations ne se rencontraient que pour échanger des coups ou pour échanger des marchandises. On commençait par l'un, on finissait par l'autre, ou même on faisait l'un et l'autre à la fois.

Après la chute de l'Empire romain est née la première grande institution vraiment et foncièrement internationale. Le christianisme fut chose mondiale. Et ce caractère d'une religion qui, la première, cessait d'être comme toutes les autres, religion nationale, pour embrasser tous les peuples, barbares et romains, connus et inconnus, présents et à venir frappa tellement l'esprit public que ce fut par là qu'on désigna la nouvelle religion. On lui donna le nom de *catholique*, c'est-à-dire plus qu'internationale : *universelle*.

Aujourd'hui, deux autres grandes puissances du monde moderne sont devenues internationales et le deviennent de jour en jour davantage.

C'est la science et c'est l'industrie.

Ces deux leviers de la civilisation ne peuvent plus avoir pour point d'appui un peuple, un groupe humain quel qu'il soit. Par définition, l'industrie et la science n'ont pas de patrie, si le savant et l'industriel en ont une.

3. — Tels sont, dans leur ensemble, les faits incontestables avec lesquels il est légitime et utile de familiariser l'enfant.

C'est sans doute ce qu'il faut entendre par « instruction internationale ».

Tracer le programme précis et complet d'un tel enseignement serait une tâche non seulement au-dessus de mes forces, mais de plus, me semble-t-il, prématurée.

Par fragments, par exemples isolés, cette instruction se donne déjà. Elle se donne à tous les degrés, depuis la forme enfantine de la leçon de choses jusqu'aux cours d'histoire, d'économie politique et de géographie commerciale des classes supérieures du lycée ou de l'école professionnelle.

Même fragmentaires et rudimentaires, ces enseignements ne sont pas à dédaigner. Il faut au contraire les fortifier. La plus humble école primaire fait maintenant observer aux enfants de l'ouvrier ou du paysan que les aliments de leur table, leurs vêtements usuels, les outils ou les matériaux dont se servent leurs parents, leurs moyens de chauffage et d'éclairage supposent que le monde entier a été mis à contribution pour la vie matérielle du moindre ménage, qu'un homme qui n'a jamais mis les pieds hors de son village doit une partie de son entretien de tous les jours à des pays lointains dont il ne sait même pas les noms, pays européens, pays d'Asie et d'Afrique, pays du nouveau monde et des îles océaniennes.

Dans la suite des études et jusqu'à l'enseignement supérieur ces notions diverses iront se précisant et se classant. Les services réciproques que se rendent les peuples, l'enfant n'a pu que les entrevoir sous la forme presque schématique de l'échange direct des produits. L'étudiant s'en rendra mieux compte en analysant le réseau de plus en plus compliqué des accords de toute sorte qui ont établi les règles internationales du commerce, de la navigation, des transports, des tarifs douaniers, du droit des gens, du droit public et du droit privé.

4. — Ayant rapproché tous ces indices d'un besoin croissant d'internationalité, il est naturel que l'enseignement en tire sinon des conclusions, du moins un commencement de généralisation.

On fera voir que toute la vie matérielle, toute la vie esthé-
tique, scientifique, économique, morale, sociale d'un pays,
quel qu'il soit, suppose un outillage déjà immense de moyens
d'action qui doivent leur puissance à leur caractère international : postes, télégraphes, chemins de fer, communica-
tions et transactions transcontinentales et transocéaniques,
tout cela n'est possible que parce que, dès aujourd'hui, toute
la partie civilisée de notre planète est considérée comme
formant un seul et unique domaine ouvert sans réserve à
la pensée et à l'activité de l'homme.

De là tout naturellement on induira, et si l'on ne peut
l'affirmer catégoriquement, on fera du moins pressentir que
le monde est en marche vers un régime qui, à l'inverse du
passé et du présent, fera de l'état de paix la règle et de
l'état de guerre l'exception de plus en plus rare.

A l'appui de cette présomption, on montrera les sensibles
progrès de la théorie et même de la pratique partielle de
l'arbitrage, c'est-à-dire du droit substitué à la force pour le
règlement des conflits internationaux.

On enseignera que la « lutte pour la vie » n'est pas plus
la formule définitive des relations entre les peuples qu'entre
les individus et qu'il faut la corriger par « l'union pour la
vie », qui est tout au moins l'autre moitié de la vérité.

Enfin et d'une manière générale le résultat dernier de cet
enseignement sera de dégager, de mettre fortement en lumière
cette grande leçon que pour l'humanité tout entière, comme
pour tout groupement d'hommes petit ou grand, la loi de la
vie, c'est la solidarité.

Familiale, provinciale, nationale internationale, la solidarité est toujours et partout la condition *sine qua non* du progrès et du bonheur, de la force et de la dignité humaines.

5. — Mais, cette loi posée pour l'avenir, l'enseignement
n'a-t-il rien de plus à dire pour le présent ?

Il tromperait singulièrement la jeunesse en lui faisant
prendre pour une réalité acquise l'idéal qu'il aura ainsi fait
luire à ses yeux. S'il est bon de faire entendre aux jeunes
générations que le monde marche vers la fraternité des peuples, il est nécessaire d'ajouter aussitôt que le monde en est
encore loin, très loin.

L'instruction, pour être véridique, doit être complète. Les grandes espérances de demain ne doivent pas faire perdre de vue les grands devoirs d'aujourd'hui.

Aujourd'hui les institutions anti-guerrières qui se préparent n'empêchent pas la guerre d'être aussi près de nous et dans des conditions plus terribles que jamais.

C'est là un côté de la question que l'enseignement, même le plus favorable aux idées de paix internationale, serait inexcusable de dissimuler.

Il y a une vérité qu'il faut que l'enfant d'aujourd'hui sache bien. Ces mêmes hommes qui, des deux côtés de la frontière, sont également épris de la paix par le droit, également révoltés par la survivance de cette barbarie monstrueuse qu'est la guerre, ces mêmes hommes peuvent recevoir demain un ordre de mobilisation, et être envoyés les uns contre les autres à une de ces effroyables boucheries que cent fois ils ont maudites.

Non, la guerre n'est pas abolie. Non, rien ne nous garantit contre le retour des horreurs et des atrocités qu'elle déchaîne. Non, l'arbitrage n'a encore ni la portée d'une institution générale ni la force d'un pouvoir efficace de pacification. Non, les États-Unis d'Europe ne sont pas fondés, et la « fédération européenne » de M. d'Estournelles de Constant jusqu'ici n'est qu'un beau rêve dont nous pouvons être réveillés en sursaut à coups de canon.

En attendant, les nations continuent de s'épuiser en armements. Sur terre et sur mer, elles se tiennent prêtes à se défendre, et pour cela, car les deux opérations ne se distinguent pas, à attaquer. Dépenses, risques, pertes énormes de temps, d'argent, de travail, de vies humaines, elles acceptent tout, parce que celle d'entre elles qui ne l'accepterait pas prononcerait sa déchéance.

Nous sommes donc forcés de dire au jeune Français comme au jeune Allemand, au jeune Anglais, au jeune Italien :

« C'est dans cet état de choses que tu dois vivre, le cœur plein des visions de la paix internationale qui seront un jour, certes, la réalité générale sur cette terre, mais l'œil attentif, l'âme tendue et roidie pour répondre au premier signal si la patrie t'appelle.

« En vain chercherais-tu à te flatter que ce douloureux contre-sens touche à son terme, que tu es sûr de voir les temps nouveaux et l'aube de la grande amitié humaine.

« Suppose — hélas ! c'est énoncer l'impossible — mais suppose pourtant tous les conflits des nations européennes réglés et bien réglés, l'arbitrage organisé souverainement entre elles toutes. Il resterait encore d'autres perspectives et des menaces si colossales que nous ne parvenons pas même à en mesurer la portée. Ce seraient des mondes qui se heurteraient : peut-être l'Amérique et l'Europe, ou la race jaune contre la race blanche, peut-être le duel économique et financier de masses humaines dont les intérêts s'opposeront, peut-être la guerre sociale, la guerre des classes remplaçant la guerre des races... Chassons tous ces cauchemars. Espérons que le progrès de la civilisation les fera tous évanouir. Mais tu n'as pas le droit d'ignorer que tu vis dans une société où jusqu'à nouvel ordre la raison du plus fort est toujours l'*ultima ratio* des peuples et la suprême sanction de leur droit à la vie. »

II. — L'ÉDUCATION INTERNATIONALE.

6. — Nous avons dit à nos enfants toute la vérité. Ils savent dans quel monde ils sont jetés. Quelles sont les dispositions d'esprit et de caractère, de sentiment et de volonté que nous allons en conséquence essayer de créer en eux ? Qu'y aura-t-il dans leur éducation, comme dans leur instruction, de spécifiquement « international » ?

Ici ce ne sont plus des faits géographiques, historiques, économiques qui vont nous guider, mais plutôt des données psychologiques et morales.

Sans remonter par des analyses qui déborderaient notre cadre aux éléments constitutifs de la nature humaine, posons comme fait d'expérience que dans tout homme il y a un premier instinct en quelque sorte vital, inhérent pourrait-on dire à toute vie animale. C'est l'amour de soi, l'instinct de conservation, la défense de son être propre et la satisfaction de ses besoins individuels.

Mais en regard et à l'encontre de ce mouvement irrésistible d'égoïsme instinctif se développe, déjà en quelque mesure dans les animaux supérieurs, et très rapidement chez l'homme, même à demi sauvage, un second ensemble de sentiments et d'idées qui tend à faire contrepoids au premier.

L'homme est un animal social, il sent de bonne heure l'impossibilité de l'isolement. L'altruisme, comme l'appellent les philosophes, ne lui est pas moins naturel que l'égoïsme. Plus intermittent, plus inégal, plus susceptible de limites et de conventions particulières, il fait pourtant partie intégrante de l'homme, dès que l'homme émerge de la pure animalité.

A l'individu se superpose la société, à l'intérêt personnel l'intérêt collectif. Et l'individu est bien obligé de s'en rendre compte.

Sollicité par des pressions diverses, telles que la force de l'exemple ou celle de l'autorité, la contrainte matérielle ou celle de la tradition ou la peur ou je ne sais quelle vague intuition d'un intérêt, d'un devoir ou d'un lien secret de solidarité nécessaire, mais en somme et en dernière analyse, volontairement et à peu près consciemment, l'homme se soumet à ce pacte social. Il se subordonne jusqu'à un certain point à la famille d'abord, première cellule de la société; puis successivement et progressivement à une toute petite agglomération de familles, clan, tribu, *gens*. C'est la forme minuscule de la patrie; elle s'étend et passe à l'état de groupement dépassant les limites où s'arrête la connaissance directe des relations de parenté et le souvenir des liens du sang: c'est l'idée de patrie étendue à toute une province, avec une seule cité maîtresse et un nombre quelconque de villes ou de villages solidairement unis entre eux et ayant un point central; enfin l'idée de la grande patrie, de celle qui absorbe les provinces et les unit en un tout hétérogène d'origine, mais devenu homogène et indivisible, où viennent se fondre ces petites unités longtemps distinctes et rivales.

A ces trois degrés de la patrie — tribu, province, nation — on peut, on doit, pour être tout à fait précis, en ajouter un autre qui n'est pas le moins intéressant:

C'est la forme fédérale de la patrie, celle de la Suisse, de l'Empire allemand ou des États-Unis d'Amérique. C'est jusqu'à présent l'organisme le plus complexe, le plus souple et le plus perfectionné que la sociologie connaisse.

7. — Avant de rechercher comment l'esprit humain passe de l'un à l'autre de ces cercles concentriques qui vont s'élargissant, constatons ce qu'ils ont de commun.

Sans doute à mesure que grandit le rayon de la sphère, l'œil a plus de peine à en embrasser le champ tout entier. Sans doute, plus le groupe social gagne en extension, plus le sentiment qu'il éveille perd en précision et en intensité. On aime ses proches, ses voisins, ses amis d'enfance et ses compagnons de tous les jours d'un amour autrement personnel, autrement vif que celui qu'on pourra porter, même avec le plus grand effort de raison ou d'imagination, à quarante millions d'hommes réunis sous la même dénomination nationale.

Mais là n'est pas la question.

Cette différence de chaleur ou de vivacité dans le sentiment n'empêche pas de fixer le trait qui est commun à toutes les formes de l'idée de patrie.

Toute patrie — petite, moyenne ou grande — demande à l'individu un effort, un acte ou des actes de renoncement partiel, quelquefois total. Et c'est là sa vertu caractéristique.

Allons plus loin. L'idée de patrie est celle, à proprement parler, qui constitue l'homme, l'homme social conscient. « C'est toi qui es le corps dont je suis le membre, ô ma nation ! Car c'est de toi que je suis fait dans mon corps et dans mon âme. C'est toi qui as droit à mon concours intelligent et libre, et c'est à ton service, dans les fonctions les plus humbles, que je réalise parfaitement la nature que je tiens de la tradition. Membre d'une nation, ma fonction est de coopérer volontairement à son œuvre excellente dans la civilisation humaine » (1).

D'une manière générale donc, cette idée de patrie ou de nation est essentiellement la conscience qu'a l'individu de ce qu'il doit à une collectivité sociale. C'est la conscience à la

____

(1) Frank d'Arvert. *L'Institution nationale*, p. 155.

fois de ce qu'il a reçu d'elle et de ce qu'en retour elle attend de lui ; en d'autres termes, c'est l'affirmation pratique du principe même de la socialité.

Quand cette idée est devenue familière à un homme, elle marque chez lui un double progrès : dans l'intelligence, puisqu'il s'est aperçu qu'il n'est rien sans la collectivité sociale dont il fait partie et qu'il doit, coûte que coûte, se subordonner, dans les cas extrêmes se sacrifier à elle ; dans la volonté, puisque cette conviction lui donne le courage et la force d'accomplir au besoin ce sacrifice.

Une doctrine qui fait acquérir à l'individu une telle plus-value intellectuelle et morale rend du même coup un service inappréciable à la société tout entière : elle donne à l'homme une cité, à la cité des citoyens.

L'éducation patriotique — à prendre le mot dans son acception générale — est donc bien un des grands facteurs de l'éducation sociale et altruiste, une des étapes nécessaires de progrès de l'homme et de l'humanité. Suivant le mot de M. Boutroux, une nation c'est la réalisation d'un aspect de l'humanité.

8. — Mais, ce trait commun reconnu, si nous entrons dans l'examen des phases successives par où passe cette conscience de la solidarité entre humains, nous nous heurtons à des phénomènes contradictoires.

Chaque fois que le cercle s'agrandit, il y a une crise du patriotisme. Le devoir envers la petite patrie d'hier semble remis en question, compromis ou nié par l'avènement d'une patrie plus grande.

Reportons-nous au moyen âge, revoyons en esprit la petite agglomération féodale où tous se connaissaient, où les expéditions les plus lointaines ne dépassaient pas l'horizon accoutumé. Que de générations ne fallut-il pas pour jeter dans le vaste moule d'une province, comme la Bourgogne par exemple ou comme l'Ile de France, ce grand nombre de « petits pays » qui jusqu'alors guerroyaient éperdument dans leurs infimes territoires, ignorant le reste du monde !

Plus tard, il fallut d'autres siècles pour consommer la fusion de ces grandes provinces elles-mêmes en un seul royaume. Quelle invraisemblable entreprise que de faire évanouir ces patriotismes concrets et historiques, souvent opposés, plus souvent inconnus et indifférents les uns aux autres, le normand et le breton, le bourguignon et l'armagnac, le flamand et le provençal, pour en faire un jour l'âme française et la patrie française.

Chacun de ces agrandissements de la collectivité, s'il s'était fait par une révolution instantanée, eût bouleversé les consciences. C'était la rupture violente avec le passé, l'abandon des plus chers souvenirs, la substitution d'une immense unité amorphe et anonyme à ces anciennes patries si vivantes, si originales, si aimées.

La transformation se fit pourtant, et qui oserait dire que la patrie en ait souffert, qu'elle y ait perdu en grandeur, en beauté, en puissance matérielle ou morale, au dehors ou au dedans ?

9. — C'est le même mouvement qui, par les mêmes lois de l'histoire, se continue sous nos yeux.

Qu'il existe nécessairement entre ces deux termes extrêmes — l'individu et l'espèce humaine — des organismes intermédiaires, non pas un, mais plusieurs, superposés ; et que chacun de ces organismes contribue à l'éducation humanitaire, qui le niera ?

M. Izoulet s'est amusé à faire le dénombrement de ces rouages. Il en compte tout juste cinq : le patriotisme municipal, provincial, national, continental et le dernier qu'il nomme global ou planétaire. Il appelle l'humanitarisme « une onde élargie du patriotisme ». Écrivant à un moment où les discussions financières avaient fait beaucoup parler des impôts de superposition, il disait: « l'humanitarisme, c'est un patriotisme de superposition. »

Retenons l'idée. L'éducation internationale va-t-elle s'opposer à l'éducation patriotique ? Au contraire elle en sera le couronnement. Elle en garde le principe, c'est-à-dire la nécessité d'enseigner à l'homme qu'il n'est pas à lui tout seul sa fin et sa loi, qu'il fait partie d'une société sans laquelle il n'existerait pas ou du moins ne serait pas un homme, qu'il doit beaucoup au groupement humain dans lequel il est né et qu'il se tromperait étrangement s'il avait l'idée de s'*internationaliser* pour se *dénationaliser*, de se vouer à l'humanité pour n'avoir plus besoin de se dévouer à sa patrie. « Guerre à la guerre, dit M. Fouillée, mais non pas guerre à la patrie ! »

Mais en maintenant le principe moral et social du patriotisme, elle fait entrevoir comme probable et souhaitable l'évolution du patriotisme ou plutôt la suite de cette évolution dans le sens où elle est engagée depuis tant de siècles.

De même que les peuplades qui s'épuisaient en guerres perpétuelles lorsqu'elles étaient éparses, jouissent au contraire d'une paix inaltérable depuis qu'elles sont fondues en un grand peuple, de même les nations d'aujourd'hui pourront, sinon se fondre, du moins s'unir, se fédérer, se concerter pour l'établissement et le maintien de la paix générale : il leur aura suffi de consentir à s'imposer entre nations le régime qu'elles-mêmes imposent entre particuliers pour tous les conflits sans exception : le litige tranché non par la force, mais par la justice.

L'éducation internationale n'est donc ni antipatriotique, ni antinationale, ni même antimilitaire.

Elle combat le *militarisme* parce que c'est une théorie qui fait tout dépendre de la force brutale au mépris du droit. Elle ne combat pas, elle ne peut combattre le *devoir militaire*, parce qu'il est et il sera hélas une douloureuse nécessité pour les individus, aussi longtemps que les nations civilisées n'auront pas su le rendre inutile.

Elle n'exagère ni ne diminue le rôle de la patrie, le rôle des patries dans l'espèce humaine. Elle sait qu'il n'y a pas d'humanité là où il n'y a pas de patrie, mais elle sait aussi que les patries tendent à s'humaniser et qu'elles finissent, comme on l'a dit, par communier dans l'espèce. Le patriotisme d'hier, c'était la haine des autres patries, celui de demain ce sera presque un *interpatriotisme*.

10. — Ainsi, il en sera de notre *éducation interna'ionale* comme nous le disions tout à l'heure de notre *instruction internationale*. Elle aboutira, elle aussi, à une contradiction qui durera aussi longtemps que la période de transition où nous vivons.

Tout l'esprit de cette éducation tendra à faire aimer un régime dont nous ne pouvons qu'entrevoir les premiers linéaments. Nos enfants, nos jeunes gens, — « patriotes selon la Révolution Française », pour employer la très juste formule de M. Aulard, — avoueront sans peine ce « désir de fraterniser avec tous les peuples » que l'Assemblée Législative invoquait dans son célèbre décret du 26 août 1792 pour décerner le titre de citoyens français à quelques grands hommes de toutes les nations et à un maître d'école de génie, Pestalozzi.

De toute leur âme ils salueront cet avenir, seul digne de l'humanité grandissante. Ils honoreront toutes les tentatives, même infructueuses, toutes les ébauches, même informes, qui tendent à nous orienter dans cette voie. Ils feront dans leur souvenir une place d'honneur à ce premier grand effort du prolétariat universel, qui s'est appelé l'Association internationale des travailleurs et qui, à côté du programme économique, mettait si hardiment en lumière la nécessité de s'entendre par-dessus les frontières pour organiser une forme quelconque de l'émancipation intégrale des hommes et des peuples.

Et puis, de cette vue lointaine sur le monde futur, il leur faudra redescendre au monde dont ils font partie. Ils n'ont ni le droit ni le pouvoir de se soustraire, ne disons pas seulement à ses lois, mais à ses nécessités inéluctables.

Et, bien loin de les détourner de faire leur devoir, il faut que nous leur apprenions à le remplir de telle façon qu'ils puisent un surcroît de force et d'autorité pour des doctrines de paix internationale.

La paix internationale, ce n'est pas un idéal de repos égoïste et de facile sécurité. Quand elle sera organisée sur la terre il est probable qu'elle exigera, sous des formes nouvelles peut-être, au moins autant de courage, autant d'énergie et de dévouement qu'il en faut aujourd'hui pour payer la dette du sang. En ce temps-là, la société, ne pouvant plus comporter aucun des privilèges qui servent d'assise à la présente société bourgeoise, imposera sans doute à ses membres des sacrifices que nous ne prévoyons pas plus qu'on ne prévoyait, il y a soixante ans, le service militaire universel et obligatoire.

Ceux qui croient que la démocratie, en socialisant de plus en plus le capital et le travail, va ouvrir une ère d'abaisse-

ment et d'aplatissement général sont des esprits de courte
vue et qui méconnaissent la marche de l'histoire. Qu'ils se
rassurent. Il y aura toujours place pour l'effort, il y aura
toujours besoin de gens de cœur. La disparition du militarisme actuel ne fera pas plus disparaître le dévouement et
l'héroïsme que ne l'a fait à la fin du moyen âge l'abandon
des combats de chevalerie et du corps-à-corps à l'arme
blanche.

Mais nous n'en sommes pas là. Et nous n'avons pas le
droit de prêter même à une équivoque, même à une appa-
rence de prédication amollissante, énervante, dévirilisante.

Notre éducation internationale doit nous faire des hommes
dont l'esprit habitera d'avance les *templa serena* des futurs
États-Unis d'Europe, mais dont le dévouement à la patrie
sous sa forme actuelle n'en sera que plus fort et plus
ardent.

11. — Et ces contraires peuvent plus aisément en France
peut-être que partout ailleurs se concilier : la patrie française,
depuis la Révolution, se confond avec la patrie humaine. Notre
patrie, à nous, a cette originalité qui la distingue, qu'elle
n'est pas faite seulement de notre sol et de notre ciel, de
nos traditions et de notre race, elle est faite aussi de ce
patrimoine d'idées qui sont l'esprit de la France et l'âme
même de la patrie. Or de toutes ces idées nationales la première fut l'appel à la fraternité humaine, au nom de la
raison, au nom des droits de l'homme. Et c'est encore là,
aujourd'hui, le trait caractéristique du patriotisme français.

Tel sera le jeune homme élevé suivant la méthode que
nous entrevoyons. Si vous voulez lui trouver un ancêtre et
un modèle, rappelez-vous Marc Aurèle empereur ayant fait
l'œuvre d'un grand capitaine, et le soir après la bataille écrivant sous sa tente les immortelles pensées qui nous le révè-
lent plein de la vision de l'avenir et vivant d'avance par
l'esprit dans ce monde de justice et de raison que nous
attendons encore.

12. — En résumé :

Instruction internationale :

Nous devons apprendre à la jeunesse l'importance crois-
sante des relations internationales ;

Lui faire constater — sommairement dès l'école primaire et avec précision dans l'enseignement secondaire et supérieur — les progrès de la pénétration mutuelle des intérêts humains ;

Lui faire entrevoir comme le terme vers lequel tend la civilisation l'établissement d'institutions internationales destinées à régler par l'arbitrage et non par la guerre les conflits entre les nations.

Mais nous ne devons pas lui laisser ignorer que cet idéal est encore loin d'être réalisé ; et, qu'en attendant qu'il le soit, chaque nation pouvant avoir encore à se défendre à main armée, tout citoyen est tenu de répondre à l'appel de sa patrie et de remplir virilement et courageusement le devoir militaire comme la première des obligations que la loi lui impose envers son pays.

Éducation internationale :

Nous devons faire aimer et respecter la patrie non pas comme une sorte de dogme, comme l'expression immuable d'une entité mystérieuse, mais au contraire en faisant suivre à travers les siècles ses transformations naturelles, en montrant qu'elle représente l'idée et le sentiment de la solidarité humaine d'abord conçue dans les limites très étroites de la famille, de la tribu, de la cité, puis dans des groupements de plus en plus étendus dont la mesure actuelle est celle de nation.

Nous devons faire considérer toutes les nations comme des patries également chères et sacrées à leurs enfants ; trouver tout naturel que chacun ait pour la sienne la même prédilection qu'a l'enfant pour sa mère.

Nous devons enfin inspirer à la jeunesse le vif désir de voir par le progrès de la civilisation la guerre abolie, le militarisme remplacé par une organisation puissante de l'arbitrage, la paix garantie, la justice respectée par les nations comme elle l'est déjà par tous les groupements humains d'étendue plus restreinte;

Et en même temps nous devons veiller à ce que cette éducation soucieuse des devoirs de l'avenir ne néglige pas, ne laisse pas négliger ceux du présent.

La véritable éducation internationale d'aujourd'hui est

celle qui cumulera ce double objet : comme but définitif, l'organisation de la paix et l'ardente propagande antimilitariste ; comme but immédiat et transitoire, l'accomplissement intégral du devoir militaire, c'est-à-dire la défense de la patrie aussi longtemps que le salut de la patrie peut dépendre du dévouement de ses enfants...

Mayenne, Imprimerie Ch. Colin.